AF409169

BLUE EYES
OJOS AZULES

Illustrated poems / Poemas ilustrados

Mynor Haroldo Escobar Espinoza

BLUE
EYES
OJOS **AZULES**

Portada / Book Cover:
JOAN / acrílico sobre canvas / acrylic on canvas / 24x36 pulgadas / inches.

Edición/ Edition
Diseño gráfico / Graphic design
Ilustraciones / Illustrations:
Mynor haroldo Escobar Espinoza

mynorescobarart@gmail.com

Fotografía / Picture M. Millett:
Robert Charles

robertcharlesphoto.com

A **Margaret Joan Millett**, quien con su sonrisa y su mirada inspiro la creación de estos versos.
Gracias por todo y por tanto...

To **Margaret Joan Millett**, whose smile and her gaze inspired the creation of these verses.
Thanks for everything and so much...

INDICE
CONTENTS

Prólogo
Foreword

*L*ove is that opportunity that life gives us to bond with someone in a very close, personal, intimate way. Falling in love is a pleasant emotion that makes us feel alive, because it sublimates our senses if we reciprocate; otherwise it is a sad experience. The culture of each human group is adding different elements to that experience, for humans in recent centuries, couple love was structured in such a way that even the unions of lovers were legalized, through legal structures, thus strengthening the permanence of the spouses, creating families with certain obligations, where the patriarchy subjugated thousands of women, the muse became the almost witch who suffered a lot and was a sacrificial mother, not the full woman who also achieves her dreams, as is currently the case and this is reflected in the literature of each historical period.

The years have passed and with the fight of women the romantic panorama of couples has been changing, some boyfriends fall in love not only with physical beauty, but also with the intelligence of their companions, as Mynor Escobar says, with his text, I quote: ***I like to enjoy your essence/ admire your thinking mind/ because women like you who give poetry to life/ they have changed the world with their intelligence and smile/*** Whoever writes is in love with a smile and admires it for what which is important. Mynor's muse is not just an ornament or an object, she is a woman of skin and bones, a woman who walks with him, not back, not forward, at the same time, to whom he writes, whom he loves as a fifteen-year-old, as he writes it: ***I see you with my eyes closed/ because I see you with my soul/ and with my eyes closed/ I learned to love you from a distance/***

By reading what Escobar wrote, he found her being a safe space for his soul and dreams, a reason to continue with his life and projects. With her texts, she shows the intentionality of a love forever, that overcomes temporality, a love, not only physical, but also of the soul. Mynor Escobar presents in this book her graphic talent, her mastery in handling shapes, color, and lines of life. Over the years and her perseverance for her vocation as an artist she has survived and appeared as a visual artist on the national scene. The word is not alien to him, because he writes stories, stories, explores his poetic existence and now when he falls in love with his love of Blue Eyes, he gives rein to his creativity and offers this book of poetry, which more than a contribution to literature local, it is an offering to his beloved.

May love continue to flourish all over the planet, may the practices of expressing it and living it on a daily basis be liberating and supportive forms of coexistence, where men and women fully live their own existence, accompanied by those who go beyond cultural myths to build the everyday, in full freedom and in coexistence, almost magical, as the artist Mynor Haroldo Escobar Espinoza conceives it.

Rossana Estrada Bucaro
Guatemalan Poet and Writer

El amor es esa oportunidad que la vida nos da de vincularnos con alguien de manera muy cercana, personal, intima. Enamorarse es una emoción placentera, que nos hace sentirnos vivos, porque nos sublima los sentidos si somos correspondidos; de lo contrario es una experiencia triste. La cultura de cada grupo humano va agregando elementos diversos a esa experiencia, para los humanos de los últimos siglos, el amor de pareja se estructuró de tal forma que hasta se legalizó las uniones de los enamorados, a través de estructuras legales, afianzando así la permanencia de los conyugues, creando familias con ciertas obligaciones, donde el patriarcado subyugó a miles de mujeres, la musa se convirtió en la casi bruja que sufrió mucho y fue madre sacrificada, no la mujer plena que también alcanza sus sueños, como actualmente sucede y esto se refleja en la literatura de cada periodo histórico.

Los años han pasado y con la lucha de las mujeres se ha ido cambiando el panorama romántico de las parejas, algunos novios se enamoran no solo de la belleza física, sino también de la inteligencia de sus compañeras, como lo dice Mynor Escobar, con su texto, cito: *Me gusta disfrutar tú esencia/ admirar tú mente pensante/ porque las mujeres como tú que le dan poesía a la vida/ han cambiado el mundo con su inteligencia y sonrisa/* Quien escribe está enamorado de una sonrisa y la admira por lo que esencialmente es. La musa de Mynor no es solo un adorno o un objeto, es una mujer de piel y huesos, una mujer que camina junto a él, no atrás, ni adelante, a la par, a quien le escribe, a quien ama como un quinceañero, como él lo escribe:*Te veo con los ojos cerrados/ porque te veo con el alma/ y con los ojos cerrados/ te aprendí a amar a la distancia/*

Al leer lo que Escobar escribió observó que en ella encontró su ser un espacio seguro a su alma y sus sueños, una razón para continuar con su vida y proyectos. Con sus textos muestra la intencionalidad de un amor para siempre, que venza la temporalidad, un amor, no solo físico, sino también del alma. Mynor Escobar presenta en este libro su talento gráfico, su maestría al manejar las formas, el color, las líneas de la vida. Con el paso de los años y su perseverancia por su vocación de artista ha logrado permanecer y figurar como un artista visual en el panorama nacional. La palabra no le es ajena, porque escribe cuentos, historias, explora su poética la existencia y ahora al enamorarse de su amor de Ojos Azules, le da rienda a su creatividad y ofrece este libro de poesía, que más que un aporte a la literatura local, es una ofrenda a su amada.

Que el amor siga floreciendo en todo el planeta, que las prácticas de expresarlo y vivirlo cotidianamente sean formas de convivencia liberadoras y solidarias, donde hombres y mujeres vivan a plenitud su propia existencia, acompañados de quienes traspasan mitos culturales para construir lo cotidiano, en plena libertad y en coexistencia, casi mágica, como lo concibe el artista Mynor Haroldo Escobar Espinoza.

Rossana Estrada Búcaro
Poetisa y Escritora Guatemalteca

1

Con los ojos cerrados
With eyes closed

I see you with my eyes closed,
because I see you with the soul and
with eyes closed,
I learned to love you from a distance.

It is not necessary to see you to love you my love,
because with the eyes of the soul,
I feel your essence and your presence,
that captivates me, seduces me, makes me fall in love.

I see with the eyes of my soul my heaven,
as in the distance my heart misses you and loves you,
yearning to return every evening to your lap,
to feel your inner peace and perceive your open smile.

I need to feel your gaze of tender moon, the light of your lips,
your hands between my hands and my dreams between your dreams,
because with my eyes closed,
I can not think of anything but you forever.

I love you with the soul´s eyes.

Te veo con los ojos cerrados,
porque te veo con el alma y
con los ojos cerrados,
te aprendí amar a la distancia.

No es necesario verte para amarte mi amor,
porque con los ojos del alma,
siento tu esencia y tu presencia,
que me cautiva, me seduce, me enamora.

Veo con los ojos del alma mi cielo,
como a la distancia mi corazón te extraña y te ama,
ansiando regresar cada atardecer a tu regazo,
para sentir tu paz interior y percibir tu sonrisa franca.

Necesito sentir tus miradas de luna tierna, la luz de tus labios,
tus manos entre mis manos y mis sueños entre tus sueños,
porque con los ojos cerrados,
no puedo pensar nada más que en ti eternamente.

Te amo con los ojos del alma.

I have a love
Yo tengo un amor

I have a love,
of those that only exist in novels,
incredible, romantic, endless.

I do not know how it came into my life,
when I searched for it my whole life,
under the winter´s moon and the spring´s sun.

I have a sincere love,
reciprocal, honest and true,
which started in October and continued in January.

As a child I dreamed it, as a teenager I yearned for it,
in my maturity I looked for it,
in my fall I found it,

It arrived perfect,
with blue eyes,
wheat hair, and angel complexion.

I have a love, forever,
enduring, endless, interesting,
born eternal, perennial like daisies.

Yo tengo un amor,
de los que solo existen en las novelas,
increíble, romántico, interminable.

No sé cómo llego a mi vida,
cuando lo busque la vida entera,
bajo la luna de invierno y el sol de primavera.

Yo tengo un amor sincero,
recíproco, honesto, verdadero,
que arrancó en octubre y continúo en enero.

De niño lo soñé, de adolescente lo anhele,
en mi madurez lo busque,
en mi otoño lo encontré,

Llegó perfecto,
con ojos azules,
cabello de trigo y tez de ángel.

Yo tengo un amor para siempre,
perdurable, interminable, interesante,
nació eterno, perenne como las margaritas.

I like to discover you
Me gusta descubrirte

I like to discover you,
through your words,
which are verses,
that you exhale from the soul.

I like to discover your soul,
through your smile,
that is the reflection,
of your sweet heart.

I like to discover your heart
noble, romantic and tender,
that when is close to mine,
it beats and its essence falls in love with me.

I like to discover your essence,
fragrance of nobility,
distinction and beauty,
the most beautiful thing about you.

I like to discover your beauty,
that reflects your inner charm,
that captivated my spirit,
bewitching my soul and heart.

Me gusta descubrirte,
a través de tus palabras,
que son versos,
que exhalas del alma.

Me gusta descubrir tu alma,
a través de tú sonrisa,
que es el reflejo,
de tú dulce corazón.

Me gusta descubrir tú corazón,
noble, romántico y tierno,
que cuando está cerca del mío,
late y me enamora su esencia.

Me gusta descubrir tu esencia,
fragancia de nobleza,
distinción y belleza,
lo más bello de tú ser.

Me gusta descubrir tú belleza,
que refleja tú encanto interior,
que cautivo mi espíritu,
hechizando mi alma y corazón.

Here I am
Aquí estoy

*H*ere I am,
to fill you with cuddles,
dreams and caresses.

Because your memory moves me,
evoking halos of shared passion,
by the flash that has been born.

Here I am to dream by your side,
enraptured,
feeling your skin smooth and pale.

Because your beautiful blue eyes,
under the October stars,
stole my sighs and heart.

Aquí estoy,
para llenarte de mimos,
sueños y caricias.

Porque tú recuerdo me emociona,
evocando halos de pasión compartidos,
por el destello que ha nacido.

Aquí estoy para soñarme a tu lado,
embelesado,
sintiendo tu piel tersa y blanca.

Porque tus bellos ajos azules,
bajo las estrellas de octubre,
me robaron suspiros y el corazón.

Y si te dijera
And if I told you

$\mathcal{A}$nd if I told you,
the dreams of love and passion,
that you evoke in me,
when you take my hand.

And if I told you,
all the tenderness that you provoke in me,
when I open my eyes to a new day,
to reinvent my love for you.

And if I told you,
how much I love your smile and your look that feeds my soul,
that my poet´s heart,
live for you, believe for you, and I love you eternally.

And if I told you, would you let me steal a kiss from you?

Y si te dijera,
los sueños de amor y pasión,
que evocas en mi,
cuando tomas mi mano.

Y si te dijera,
toda la ternura que provocas en mi,
cuando abro mis ojos en un nuevo día,
para re inventar mi amor por ti.

Y si te dijera,
cuanto amo tu sonrisa y tu mirada que alimentan mi alma,
que hacen que mi corazón de poeta,
viva por ti, cree por ti y te ame eternamente.

Y si te lo dijera, me dejarías robarte un beso?.

6

Porque
Because

*B*ecause,
you light up my Life,
with your smile.

You fill,
my heart with joy,
with your memory.

Because,
my soul overflows with happiness,
remembering your gaze.

Because,
the blue of your eyes makes me daydream,
in fairy tales.

Because,
you inspire my paint palette,
with passion reds.

Because,
when closing my eyes and evoke your name,
my world is filled with love.

Because,
with you I knew that dreams,
can come true.

Because I simply love you.

Porque,
iluminas mi vida,
con tu sonrisa.

Porque,
llenas de alegría,
mi corazón con tu recuerdo.

Porque,
rebosas de felicidad mi alma,
al recordar tu mirada.

Porque,
el azul de tus ojos me hace soñar despierto,
y en cuentos de hadas.

Porque,
inspiras mi paleta de pintura,
con rojos pasión.

Porque,
al cerrar mis ojos y evocar tu nombre,
mi mundo se llena de amor.

Porque,
contigo supe que los sueños,
se pueden hacer realidad.

Porque simplemente te amo.

7

Far
Lejos

When I sleep far away from you,
I dream of you,
because my soul misses you, my life.

But when the magic night comes,
the sky celebrates and
the stars lull us.

Time stands still,
our dreams intertwine,
because love rests by our side.

Cuando duermo lejos de ti,
contigo sueño,
porque te extraña mi alma vida mía.

Pero cuando llega la noche mágica,
el cielo hace fiesta y
nos arrullan las estrellas.

El tiempo se detiene,
nuestos sueños se entrelazan,
porque el amor descansa a nuestro lado.

I like
Me gusta

I like your elegant simplicity,
that gives me every day without asking for anything in return,
your smile, your love, a hug and a coffee.

I like to admire your body,
visit it with your eyes,
get into its perfect corners.

Desirable body,
that makes it beautiful,
her experience and your seductive gaze.

But relax and be calm my love,
because where do you assure that there are excesses,
I only see spaces to fill with kisses.

I like to enjoy your essence, admire your thinking mind,
because women like you who give poetry to life,
they have changed the world with their intelligence and smile.

Me gusta tú elegante sencillez,
que cada día me regala sin pedir nada a cambio,
tú sonrisa, tú amor, un abrazo y un café.

Me gusta admirar tú cuerpo,
visitarlo con la mirada,
adentrarme en sus rincones perfectos.

Cuerpo deseable,
que lo hace hermoso,
su experiencia y tú mirada seductora.

Pero relájate y quédate tranquila mi amor,
porque dónde tú aseguras que hay excesos,
yo solo veo espacios para llenar de besos.

Me gusta disfrutar tú esencia, admirar tú mente pensante,
porque las mujeres como tú que le dan poesía a la vida,
han cambiado el mundo con su inteligencia y sonrisa.

Night came
Llego la noche

The night has come,
your mantle of stars,
my dancing firefly,
my moonlight.

The night has come,
with the divine Selene,
that invites lovers to dream,
to sleep curled up.

The night came my beloved,
rest and sleep wrapped up,
with my hugs at a distance,
and let love in through your window.

Llego la noche,
tu manto de estrellas,
mi luciérnaga danzante,
mi luz de luna.

Llego la noche,
con la divina Selene,
que invita a soñar a los amantes,
a dormir acurrucados,

Llego la noche mi amada,
descansa y duerme arropada,
con mis abrazos a la distancia,
y deja entrar el amor por tu ventana.

10

Eternally
Eternamente

*M*eeting you was magical,
I still remember vividly,
the first day I saw you.

You were walking towards me,
confidently,
elegantly dressed.

I always imagined you like this,
perfect picture,
my muse turned woman.

You were dressed in ocher and orange,
like autumn,
awakened around us.

Your smile mesmerized me,
in a nymph's face,
resplendent of beauty.

Mars the God,
I could have wanted to steal you,
to take you to Olympus.

But it was you who,
stole my heart that day,
for your eternal rejoicing.

And here you have me,
in love with the magic of your essence,
of your magical smile, eternally.

Conocerte fue mágico,
aún recuerdo vivamente,
el primer día que te vi.

Caminabas hacia mi,
con paso seguro,
vestida elegantemente.

Siempre te imagine así,
imagen perfecta,
mi musa hecha mujer.

Estabas vestida en ocres y naranjas,
como el otoño,
que florecía a nuestro alrededor.

Tu sonrisa me maravillo,
en un rostro de ninfa,
resplandeciente de belleza.

Marte el Dios,
podría haber deseado robarte,
para llevarte al Olimpo.

Pero fuiste tú quien,
me robó el corazón ese día,
para tú eterno regocijo.

Y aquí me tienes,
enamorado de la magia de tu esencia,
de tú mágica sonrisa, eternamente.

11

Again
De nuevo

I send you a sigh early morning,
when I wake up in love,
yearning for the vivid memory of your skin and
the taste of your mischievous kisses.

Because when I sleep far of you,
my soul misses you, my body longs for you,
silence becomes your accomplice and with you I dream,
under the lullaby of your star.

But when the magic night arrives,
to sleep together again,
heaven celebrates because it knows,
that love will rest in your lap.

Te envió un suspiro de madrugada,
al despertarme enamorado,
añorando el recuerdo vivo de tu piel y
el sabor de tus besos traviesos.

Porque cuando duermo lejos de ti,
te extraña mi alma, te anhela mi cuerpo,
el silencio se hace tú cómplice y sueño contigo,
bajo el arrullo de tú estrella.

Pero cuando llega la noche mágica,
para dormir juntos de nuevo,
el cielo hace fiesta porque sabe,
que el amor descansará en tú regazo.

Space
Espacio

$\mathcal{M}$y heart was a traveler,
it was in fleeting places,
where it felt alien.

My lips kissed other lips,
that they not my destiny,
never loved me.

Then I met you and learned that true love,
even though it crossed distant skies,
only had one space.

And since that day,
you are the space I return to
because you became my heaven and universe.

Mi corazón fue viajero,
estuvo en lugares fugaces,
donde se sintió ajeno.

Mis labios besaron otros labios,
que no eran mi destino,
nunca me quisieron.

Pero te conocí y aprendí que el amor verdadero,
aunque surcó cielos lejanos,
solo tenía un espacio.

Y desde ese día,
eres mi espacio a donde volver,
porque tú te convertiste en mi cielo y universo.

Más que ayer
More than yesterday

I love you more than yesterday,
more than anyone,
like no one has ever loved you.

I love you with a fifteen-year-old passion,
with pure love that does not hurt,
that makes you daydream.

I love you because you eclipsed my heart,
you fell in love with my soul,
you made me yours at dawn.

Yes, I love you more than yesterday.

Te amo más que ayer,
más que nadie,
como nunca te han amado.

Te amo con pasión de quinceañero,
con ese amor puro que no hace daño,
que te hace soñar despierto.

Te amo porque eclipsaste mi corazón,
enamoraste mi alma,
me hiciste tuyo al alba.

Sí, te amo más que ayer.

Tonight
Esta noche

Tonight I want to give you,
the kisses that I carry with me,
that are yours,
crave to reach you.

Kisses,
like taciturn fireflies,
that they will enter silently,
slipping through your window.

To hide,
and whisper to you,
with sweetness,
how much I love you.

Esta noche quiero darte,
los besos que llevo conmigo,
que son tuyos,
que ansían llegar a ti.

Besos,
como taciturnas luciérnagas,
que entrarán silenciosos,
colandose por tu ventana.

Para esconderse,
y susurrarte,
con dulzura,
cuánto te amo.

15

Reunion
Reencuentro

And reunited they loved each other so much again,
as in spring and winter,
they felt again what they thought was forgotten,
the feeling of the first encounter.

When they reunited, their gazes sought each other,
their lips entwined,
two hearts were paired,
they fell in love even more.

And when night came they flew,
looking for kisses in their dreams,
because she knew he loved her,
and he was happy loving her.

Y al reencuentro volvieron a quererse tanto,
como en primavera y en invierno,
volvieron a sentir eso que creían olvidado,
el sentimiento del primer encuentro.

Al reencuentro sus miradas se buscaron,
sus labios se entrelazaron,
dos corazones se emparejaron,
ellos más se enamoraron.

Y al llegar la noche volaron,
buscando sus besos en sus sueños,
porque ella sabía que él la amaba,
y él era feliz amandola.

16

In this way
De este modo

I had to live half my life,
to finally find you,
serene, elegant, smiling,
marvelously beautiful.

Life passed
stories ran,
time was pressing,
my patience was waning.

Then the least expected day,
the inscrutable destiny,
I cross you in front of me
beautiful, unique, like an angel.

When I saw you, your blue eyes made me fall in love,
your aristocratic demeanor captivated me,
and when you put your gaze on me,
I loved you from that moment.

Time brought us together where we never imagined,
your essence changed my life,
in this way your eyes the color of the sky,
came into my life forever.

Tuve que vivir media vida,
para finalmente encontrarte,
serena, elegante, sonriente,
maravillosamente hermosa.

La vida pasaba,
historias corrían,
el tiempo apremiaba,
mi paciencia menguaba.

Entonces el día menos pensado,
el inescrutable destino,
te cruzo frente a mí,
bella, única, como un ángel.

Cuando te vi tus ojos azules me enamoraron,
tu porte aristocrático me cautivo,
pero cuando posaste tu mirada sobre mí,
te amé desde ese instante.

El tiempo nos unió donde nunca imaginamos,
tu esencia mi vida cambio,
de este modo tus ojos color del cielo,
llegaron a mi vida para siempre.

Years
Los años

The wise years have passed,
autumn has gently come,
I began to grow old my beloved,
with your love that has fed me.

Now my knees remind me,
that time is inexorable,
that my verses grow old,
but my young soul still creates poetry for you.

Because every day is a new verse,
that feeds the book of our shared story,
between wine with cheese at dinners,
smiles, flowers, kisess and gatherings.

The years have passed my love making us more sensitive,
some days we cry hugging,
remembering who we love,
and they began their journey to Mount Parnassus.

Other days,
we just hugged,
we cuddled together as one,
loving us in silence more than yesterday.

Time will pass my beloved and the older we get,
I will continue drawing hearts for you,
that I will ask autumn´s wind to take you,
because they will tell you how much I love you.

Los años sabios han pasado,
el otoño suavemente ha llegado,
comencé a envejecer mi amada,
con tú amor que me ha alimentado.

Ahora mis rodillas me recuerdan,
que el tiempo es inexorable,
que mis versos envejecen,
pero mi alma joven aún crea para ti poesía.

Porque cada día es un nuevo verso,
que alimenta el libro de nuestra historia compartida,
entre cenas de vino con queso,
sonrisas, flores, besos y tertulias.

Los años han pasado mi amor haciendonos más sensibles,
unos días lloramos abrazados,
recordando a quienes amamos,
y emprendieron ya su viaje al monte parnaso.

Otros días,
tan sólo nos abrazamos,
nos acurrucamos convertidos en uno solo,
amandonos en silencio más que ayer.

El tiempo pasará amada mía y mientras más envejezcamos,
yo te seguiré dibujando corazones,
que le pediré al viento de otoño te lleve,
porque te dirán cuanto te amo.

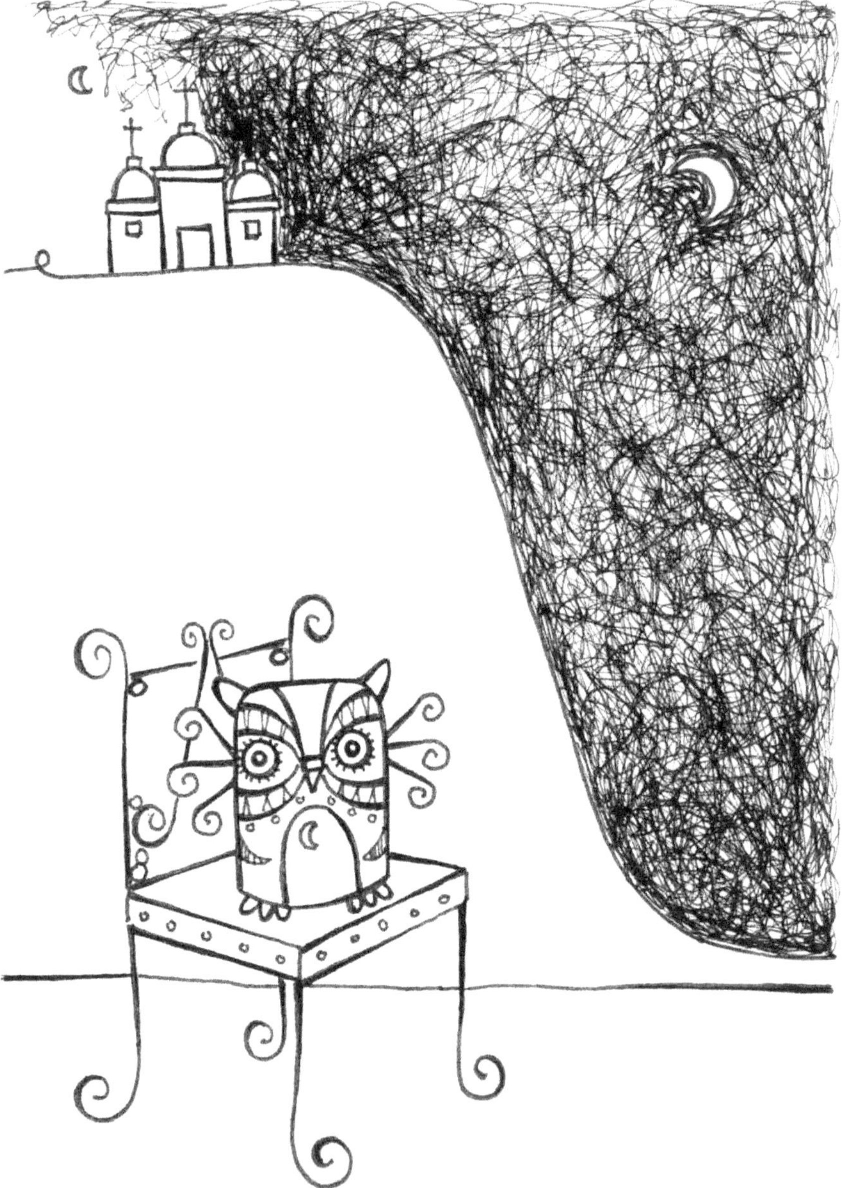

El autor
The author

ynor Haroldo Escobar Espinoza was born in Guatemala, the country of Eternal Spring and the land of the Quetzal. He is known artistically as **Mynor Escobar.** He has a Bachelor of Architect and a Bachelor of Visual Arts specializing in Painting from Tricentennial University of San Carlos de Guatemala. Mynor is an Architect by profession and was a Professor in the schools of Architect, Graphic Design, and Visual Arts at his alma mater. In 2008 and 2016, he was appointed the Guatemala Ambassador for Life and for Peace by the Ministry of Culture and Sports. He was the Director and founder of the cultural radio magazine "La Galeria". It was the first radio program with a specialized theme in contemporary Guatemalan art. From 2010 to 2012, interviews were conducted with master painters of contemporary Guatemalan art. The radio station from the University of San Carlos de Guatemala has an archive of over a hundred interviews. A watercolorist par excellence, Mynor is known in the Central America artistic field for his pictorial series called TUKUR (owl in Quiche, Maya language of Guatemala, a multilingual country that has a total of 24 languages). The TUKUR is the main character in his figurative work and is loaded with cultural syncretism. Mynor writes short stories, as well as poetry, which he inserts into his paintings.

Mynor Haroldo Escobar Espinoza, nació en Guatemala, el país de la Eterna Primavera y la tierra del Quetzal. Conocido artísticamente como **Mynor Escobar**. Es Arquitecto de profesión y Licenciado en Artes Visuales especializado en pintura, graduado de la Tricentenaria Universidad de San Carlos de Guatemala. Fue profesor en la Facultad de Arquitectura y las Escuelas de Diseño Grafico y Artes visuales de su alma máter. En los años 2008 y 2016 fue nombrado por el Ministerio de Cultura y Deportes de Guatemala Embajador por la Vida y por la Paz. Fue Director y fundador de la radio revista cultural "La Galería", primer programa con temática especializada en el arte contemporáneo guatemalteco, que del año 2010 al año 2012, realizo entrevistas a los maestros pintores de la plástica contemporánea guatemalteca, dejando documentado un archivo con un centenar de entrevistas en la radio emisora de la Universidad de San Carlos de Guatemala. Acuarelista por excelencia, es conocido en el ámbito artístico de Centro América por sus series pictóricas denominadas TUKUR (tecolote en Quiche, idioma Maya de Guatemala, país multilingüe que tiene un total de 24 idiomas). El TUKUR es el personaje principal en su obra de línea figurativa, cargada de sincretismo cultural. Mynor escribe cuentos cortos, así como poesía, la cual inserta en su pintura.